This Family History Journal Belongs To:

____

____

Table of Contents

My Father's Heritage

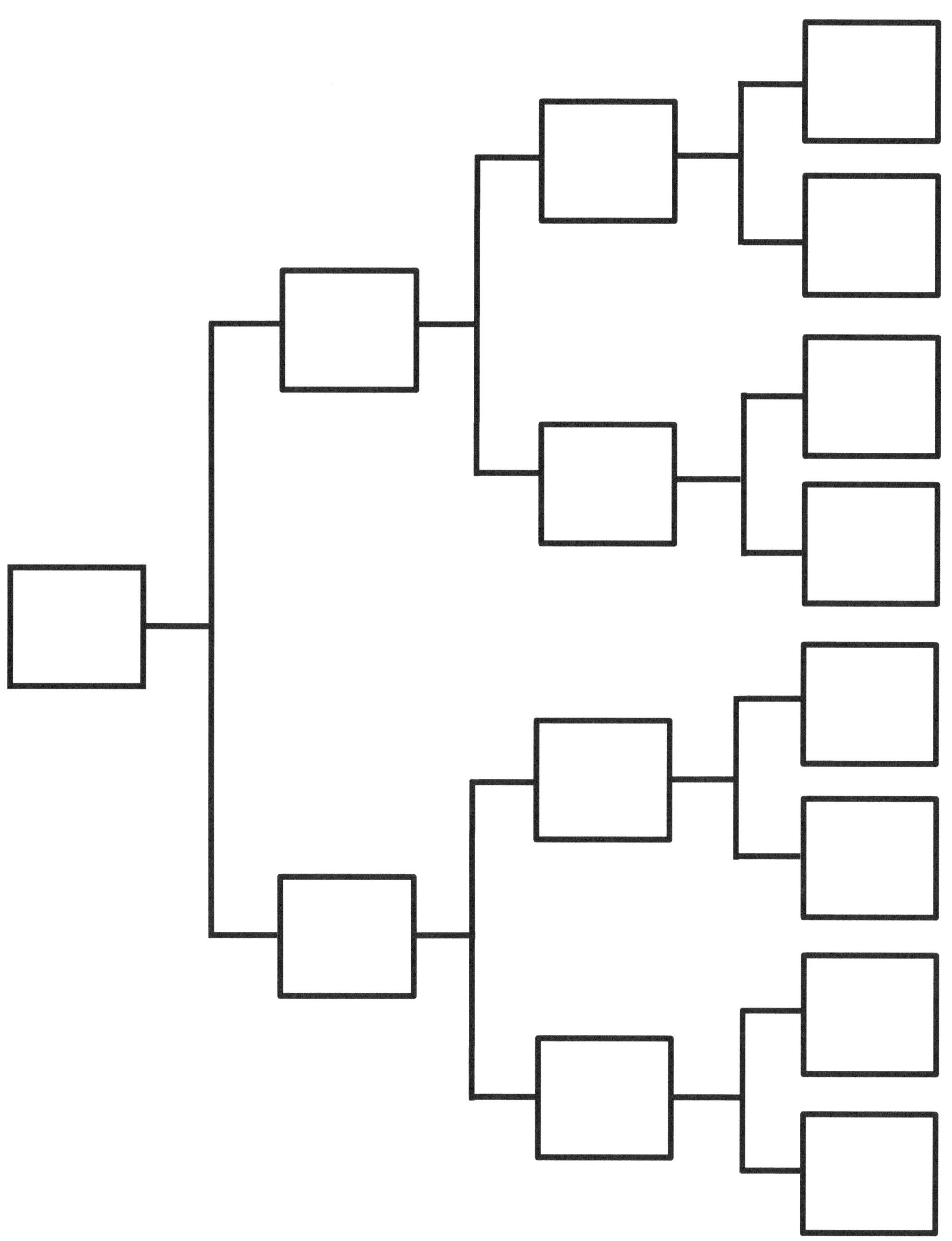

My Father

Important Events, Locations And Dates

Family Traditions and Stories

Paternal Grandfather

Important Events, Locations And Dates

Paternal Grandmother

Important Events And Dates

Paternal
Great-Grandfather

Important Events And Dates

Paternal
Great-Grandmother

Important Events, Locations And Dates

Paternal
Great-Great-Grandfather

____

Important Events And Dates

Paternal
Great-Great-Grandmother

Important Events, Locations And Dates

My Father's Siblings

____

	Date	Location
Birth:	___________________	___________________
Marriage:	___________________	___________________
Death:	___________________	___________________

____

____

____

Spouse: ____

Child: ____

Child: ____

Child: ____

Child: ____

____

____

____

____

Notes

____

<table>
<tr><td></td><td>Date</td><td>Location</td></tr>
<tr><td>Birth:</td><td>____________________</td><td>____________________</td></tr>
<tr><td>Marriage:</td><td>____________________</td><td>____________________</td></tr>
<tr><td>Death:</td><td>____________________</td><td>____________________</td></tr>
</table>

____

____

____

Spouse: _______________________________

Child: _______________________________

Child: _______________________________

Child: _______________________________

Child: _______________________________

____

____

____

____

Notes

____

<table>
<tr><td></td><td align="center">*Date*</td><td align="center">*Location*</td></tr>
<tr><td>*Birth:*_________________</td><td></td><td>_________________</td></tr>
<tr><td>*Marriage:*_________________</td><td></td><td>_________________</td></tr>
<tr><td>*Death:*_________________</td><td></td><td>_________________</td></tr>
</table>

____

____

____

Spouse: _________________________________

Child: _________________________________

Child: _________________________________

Child: _________________________________

Child: _________________________________

____

____

____

____

Notes

____

| |
| Date   Location |
| Birth:________________   ________________ |
| Marriage:______________   ________________ |
| Death:________________   ________________ |
| |

____

____

____

| |
| Spouse: _________________________________ |
| Child: __________________________________ |
| Child: __________________________________ |
| Child: __________________________________ |
| Child: __________________________________ |
| |

____

____

____

____

Notes

____

        Date   *Location*

Birth: _______________________   _______________________

Marriage: ___________________   _______________________

Death: ______________________   _______________________

____

____

____

Spouse: ______________________________

Child: ________________________________

Child: ________________________________

Child: ________________________________

Child: ________________________________

____

____

____

____

Notes

My Mother's Heritage

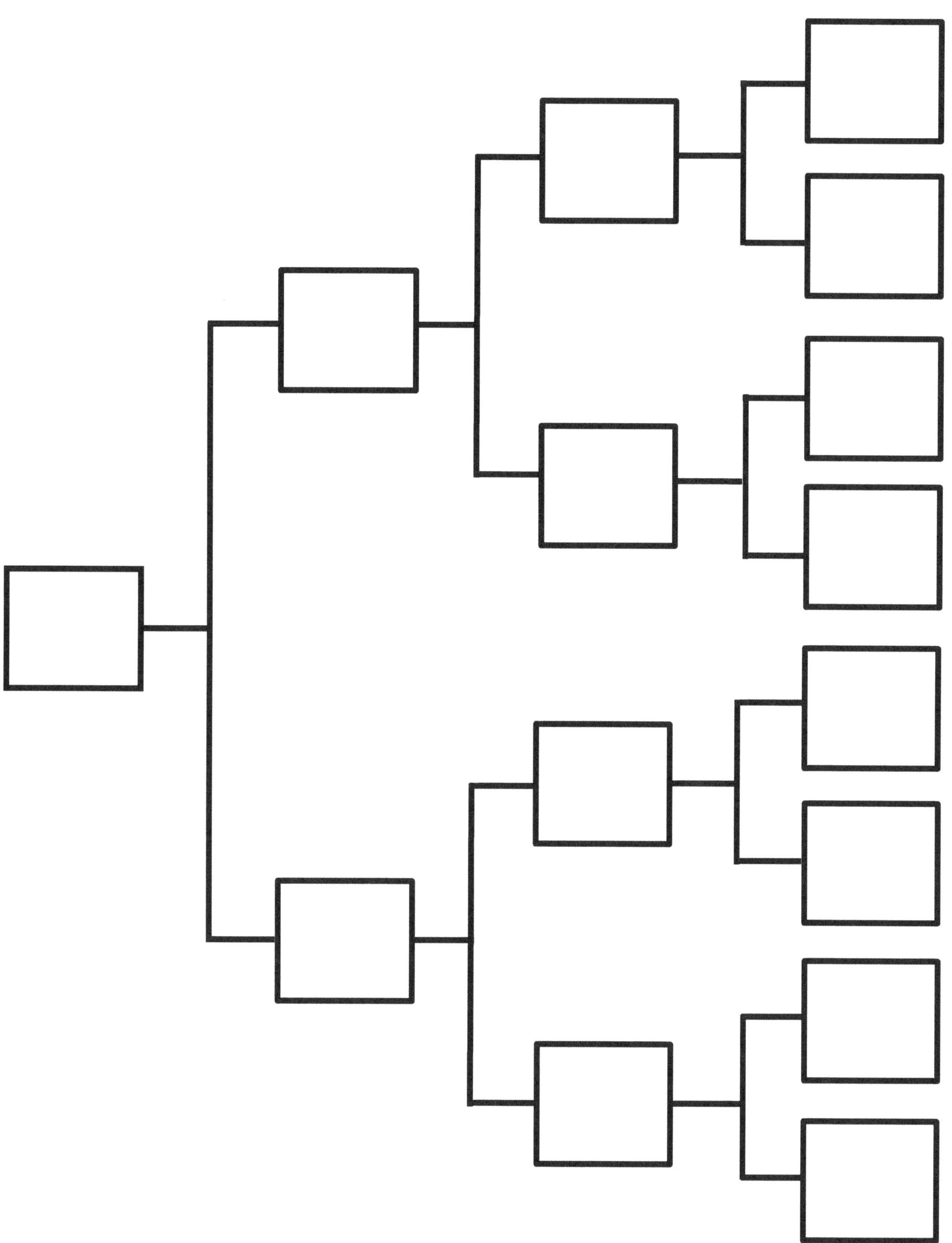

My Mother

Important Events And Dates

Family Traditions and Stories

Maternal Grandfather

Important Events And Dates

Maternal Grandmother

Important Events And Dates

Maternal Great-Grandfather

Important Events And Dates

Maternal Great-Grandmother

Important Events, Locations And Dates

Maternal
Great-Great-Grandfather

____

Important Events And Dates

Maternal
Great-Great-Grandmother

Important Events, Locations And Dates

My Mother's Siblings

____

	Date	Location
Birth:	_________________	_________________
Marriage:	_________________	_________________
Death:	_________________	_________________

____

____

____

Spouse: _________________________________
Child: _________________________________
Child: _________________________________
Child: _________________________________
Child: _________________________________

____

____

____

____

Notes

____

<table>
<tr><td></td><td>Date</td><td>Location</td></tr>
<tr><td>Birth:</td><td>________________</td><td>________________</td></tr>
<tr><td>Marriage:</td><td>________________</td><td>________________</td></tr>
<tr><td>Death:</td><td>________________</td><td>________________</td></tr>
</table>

____

____

____

Spouse: ________________________________

Child: _________________________________

Child: _________________________________

Child: _________________________________

Child: _________________________________

____

____

____

____

Notes

____

	Date	Location
Birth:	__________________	__________________
Marriage:	__________________	__________________
Death:	__________________	__________________

____

____

____

Spouse: ____________________________________

Child: ______________________________________

Child: ______________________________________

Child: ______________________________________

Child: ______________________________________

____

____

____

____

 Notes

____

| |
| *Date*   *Location* |
| *Birth:* _______________   _______________ |
| *Marriage:* _______________   _______________ |
| *Death:* _______________   _______________ |
| |

____
____
____

| |
| *Spouse:* _______________________ |
| *Child:* _______________________ |
| *Child:* _______________________ |
| *Child:* _______________________ |
| *Child:* _______________________ |
| |

____
____
____
____

 Notes

____

<table>
<tr><td></td><td align="center">*Date*</td><td align="center">*Location*</td></tr>
<tr><td>*Birth:*</td><td>_______________________</td><td>_______________________</td></tr>
<tr><td>*Marriage:*</td><td>_______________________</td><td>_______________________</td></tr>
<tr><td>*Death:*</td><td>_______________________</td><td>_______________________</td></tr>
</table>

____

____

____

Spouse: _______________________________________

Child: _______________________________________

Child: _______________________________________

Child: _______________________________________

Child: _______________________________________

____

____

____

____

Notes

My Spouse & Children

____

<table>
<tr><td></td><td>Date</td><td>Location</td></tr>
<tr><td>Birth:</td><td>________________</td><td>________________</td></tr>
<tr><td>Marriage:</td><td>________________</td><td>________________</td></tr>
</table>

____

____

____

____

Child: ______________________________

Child: ______________________________

Child: ______________________________

Child: ______________________________

Child: ______________________________

____

____

____

____

Notes

____

	Date	*Location*
Birth:	________________	________________
Marriage:	________________	________________

____

____

____

Child: ____

Child: ____

Child: ____

Child: ____

Child: ____

____

____

____

____

Family Stories And Traditions

Notes

Important Events And Dates

My Siblings

____

	Date	*Location*
Birth:	_______________	_______________
Marriage:	_______________	_______________
Death:	_______________	_______________

____

____

____

Spouse: _______________

Child: _______________

Child: _______________

Child: _______________

Child: _______________

____

____

____

____

Notes

____

<table>
<tr><td></td><td>Date</td><td>Location</td></tr>
</table>

Birth: _________________________ _________________________

Marriage: _________________________ _________________________

Death: _________________________ _________________________

____

____

____

Spouse: ____

Child: ____

Child: ____

Child: ____

Child: ____

Child: ____

____

____

____

____

 Notes

____

<table>
<tr><td></td><td>Date</td><td>Location</td></tr>
<tr><td>Birth:</td><td>_______________________</td><td>_______________________</td></tr>
<tr><td>Marriage:</td><td>_______________________</td><td>_______________________</td></tr>
<tr><td>Death:</td><td>_______________________</td><td>_______________________</td></tr>
</table>

____

____

____

Spouse: _______________________________________

Child: ____

Child: ____

Child: ____

Child: ____

____

____

____

____

Notes

____

<table>
<tr><td></td><td>Date</td><td>Location</td></tr>
</table>

Birth: _______________________ _______________________

Marriage: _______________________ _______________________

Death: _______________________ _______________________

____

____

____

Spouse: ____

Child: ____

Child: ____

Child: ____

Child: ____

____

____

____

____

Notes

____

<table>
<tr><td></td><td>Date</td><td>Location</td></tr>
<tr><td>Birth:</td><td>_________________</td><td>_________________</td></tr>
<tr><td>Marriage:</td><td>_________________</td><td>_________________</td></tr>
<tr><td>Death:</td><td>_________________</td><td>_________________</td></tr>
</table>

____

____

____

Spouse: _______________________________

Child: _______________________________

Child: _______________________________

Child: _______________________________

Child: _______________________________

____

____

____

____

Notes

Family Stories And Traditions

Notes

Important Events And Dates

Additional Forms

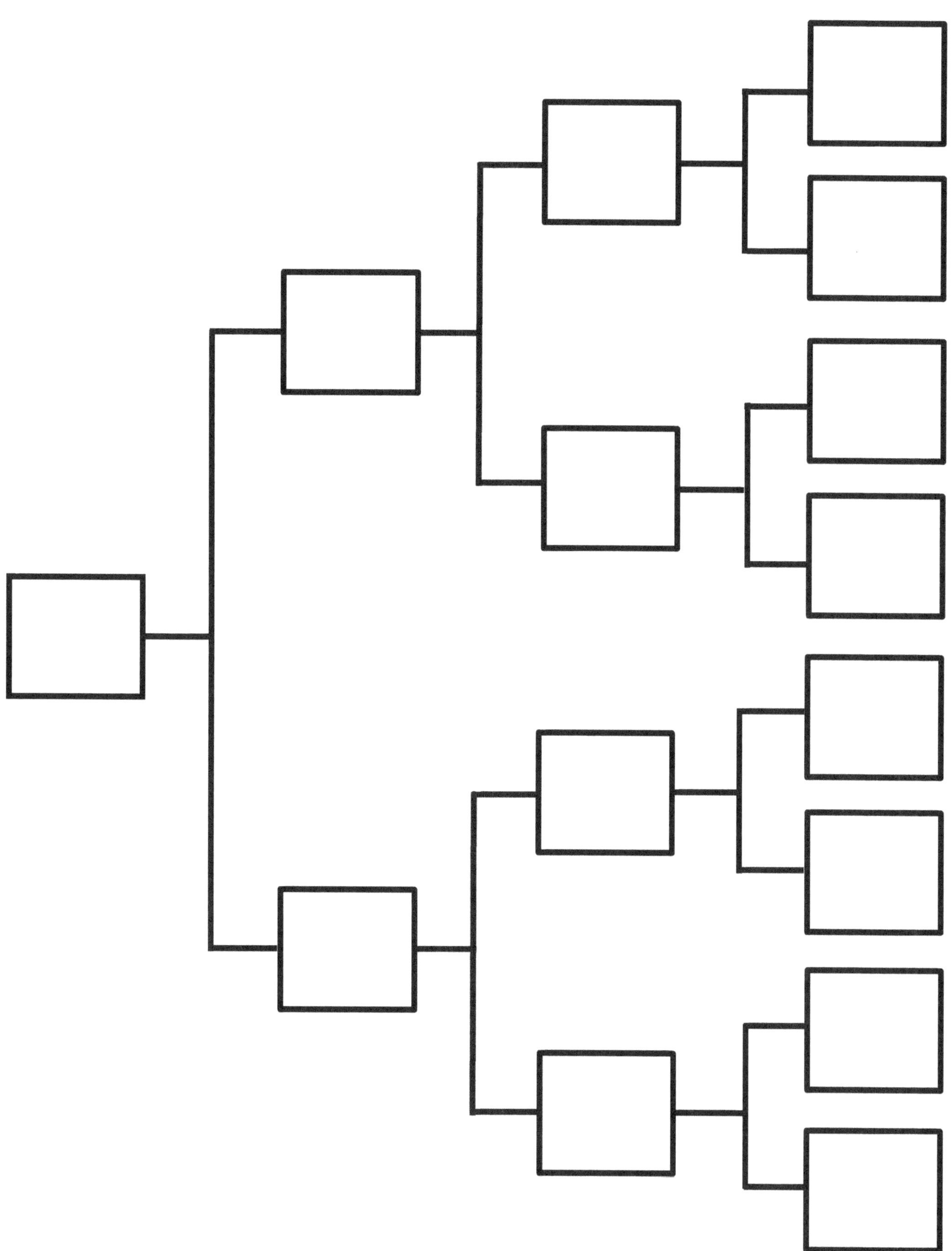

Notes

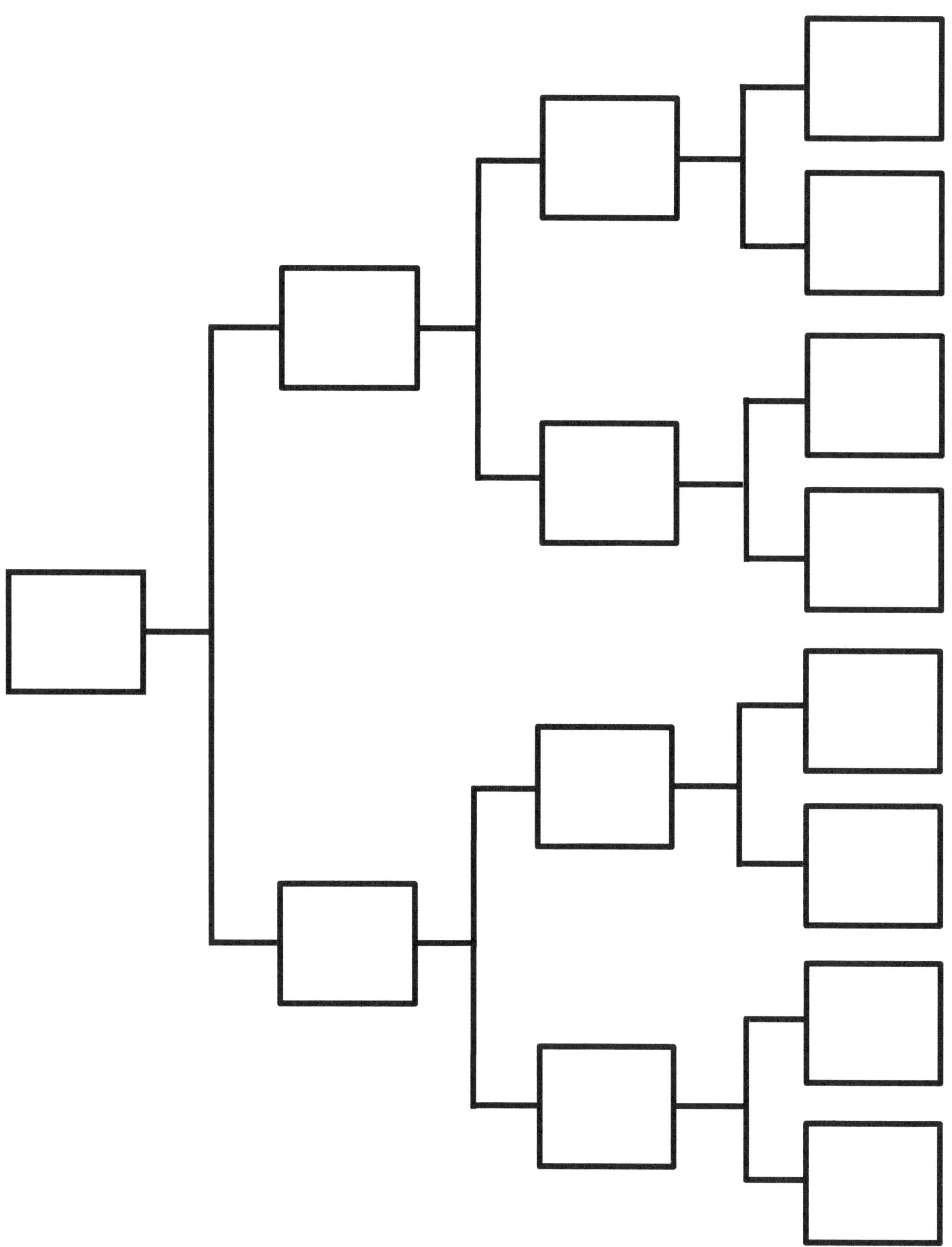

Notes

____

<table>
<tr><td></td><td>Date</td><td>Location</td></tr>
</table>

Birth: _______________________ _______________________

Marriage: _______________________ _______________________

Death: _______________________ _______________________

____

____

____

Spouse: ____

Child: ____

Child: ____

Child: ____

Child: ____

____

____

____

____

Notes

____

	Date	Location
Birth:	_________________________	_________________________
Marriage:	_________________________	_________________________
Death:	_________________________	_________________________

____

____

____

Spouse: _______________________________________

Child: ____

Child: ____

Child: ____

Child: ____

____

____

____

____

Notes

____

| | Date | Location |

Birth: _______________________   _______________________

Marriage: ___________________   _______________________

Death: _____________________   _______________________

____

____

____

Spouse: _______________________________

Child: _______________________________

Child: _______________________________

Child: _______________________________

Child: _______________________________

____

____

____

____

Notes

Ancestry Matches & Global Regions

Ancestry Matches

Name	Predicted Relationship	Location	Contact Information

Ancestry Matches

Name	Predicted Relationship	Location	Contact Information

Ancestry Matches

Contact Information	Location	Predicted Relationship	Name

Ancestry Matches

Name	Predicted Relationship	Location	Contact Information

Ancestry Matches

Name	Predicted Relationship	Location	Contact Information

My Ancestry Heritage

Global Region	%

My Ancestry Heritage

Global Region	%

Census Data

Census Data

Year	Name	Address	Age	Sex	Race	Occupation

Notes

Census Data

Year	Name	Address	Age	Sex	Race	Occupation

Notes

Census Data

Year	Name	Address	Age	Sex	Race	Occupation		

 Notes

Cemeteries

Cemeteries

Name: _______________________
Address: _______________________

____

Telephone: _______________________

Name: _______________________
Address: _______________________

____

Telephone: _______________________

Name: _______________________
Address: _______________________

____

Telephone: _______________________

Notes

Cemeteries

Name:

Address:

Telephone:

Name:

Address:

Telephone:

Name:

Address:

Telephone:

Notes

Health Issues

Name   Condition

_______________________   _______________________

_______________________   _______________________

_______________________   _______________________

_______________________   _______________________

_______________________   _______________________

_______________________   _______________________

_______________________   _______________________

_______________________   _______________________

_______________________   _______________________

_______________________   _______________________

Notes

Name   Condition

Notes

Name   Condition

Notes

Family Recipes

Ingredients

Directions

Name: ___________________________

Ingredients

Directions

Ingredients

Directions

Ingredients

Directions

Ingredients

Directions

Ingredients

Directions

Name: _______________________________

Ingredients

Directions

:

Ingredients

Directions

Name:______________________________________

Ingredients

Directions

Ingredients

Directions

This journal is one of the many useful resources created by the author to help you streamline and enjoy your life. Check out the planners, log books and guided prompts listed in Lynette Cullen's Amazon author page.